Aufgänge

Trittsteine zum Glück

Aufgänge

August 2022
Ursela Bresch

Impressum

Aufgänge

Trittsteine zum Glück, Aufgänge

© 2023 von Ursela Bresch

Herausgeber: Hans-Jürgen Sträter

Herstellung und Verlag: BoD – Books on Demand, Norderstedt

Ausgabe vom 15. Oktober 2022

ISBN: 9783756842247

Fotos: Julia Grunwald und Ursela Bresch

Covergestaltung: Rudi-Philipp Opper und Bilder Seite 30, 40 und 46

Trittsteine zum Glück

Inhaltsverzeichnis: Seite

Es geht eher weniger

Es geht

eher weniger

als mehr

Es geht

eher langsamer

als noch schneller

daher

Es geht

eher in die Mitte

als mit dem Kreisel in schnellen

Tritten

Es geht

nur noch mit Bach

mit erdigen

Schritten

Es geht

nur noch

in Blau

langsam

Sonst

verlier ich den Horizont

aus den Augen

Sonst verlier

ich meine Fährte

Sonst verlier ich

meine Spur

und höre kein Raunen

Dann

tanz` ich im Staunen

Der Stimme des Herzens folgen:

Das Gebrochene sehen

Das Halbe ehren

Das Fehlende locken

Den kleinen Finger nicht abweisen

Die Krümel nicht fortwischen

Das Glimmende bewahren

Der Ahnung lauschen

Den Versuch wagen:

Den Trittstein nutzen

Wenn das Schicksal

Wenn das Schicksal

sich mir zeigt,

muss ich

waschen,

bügeln,

färben;

kämpfe dann

mit meinen Schergen,

dass es mich ja nicht

zerreißt.

Komm ins Offene

Komm ins Offene

Straffe die Segel

und nimm

dein Ruder leicht in die Hand.

Dringe vor ins Unbekannte-

    ungeschätzte,

        unbenannte Land.

Bemerke dein Zaudern.

Geh zwei Schritte zurück,

drei wieder vor

und grolle den Dämonen,

die dir auflauern.

Wirf dein Haar in den Nacken,

steure sanft deinen Nachen.

Nutze die Stromschnelle.

Werde selbst Welle

und gleite hinaus.

Wer nicht leiden will

Wer nicht leiden will

wird hassen.

Wer nicht weinen will

wird wachen

tage-…., nächte-……,stundenlang……,jahrelang

immer dann…….

bis man`s kann,

bis man`s kann

bis man`s kann………

Aufstieg

Dem Flusslauf entgegen

An jedem Finger Wortfetzen

Wate ich durchs Wasser

stetig den Berg hinauf

der Quelle entgegen

Es ist Nachmittag:

In der Weite am Horizont

lässt sich der Abend schon erahnen

Die Unruhe

Die Unruhe von gestern weicht

Den Kopf im Unendlichen-

jetzt bereit

darf sich

Materie wandeln in Geist

Zur Zeit, wie nie

Zur Zeit, wie nie

muss ich

ausbalancieren,

neu kreieren,

jede Begegnung,

neu justieren.

Jedes Treffen verlangt

eine Nachbereitung,

ein Nachsinnen,

einen Ausgleich,

eine Erneuerung,

ein Gedicht.

Ich stehe

auf einer

sich drehenden,

schwankenden

Scheibe

und suche die Balance,

suche die Innere Mitte,

suche sie auf dieser Wippe.

Die Wissenden,

finden den stabilen Punkt,

finden das Zentrum.

Stehen dann

verwurzelt,

fest verankert

auf der wankenden Erde

und schweben in Kreisen,

lachend,

mit wehenden Haaren

inmitten des Chaos,

still im Glück.

Wieder

Mein Inneres Feuer ist *wieder* erwacht

über Nacht:

Ich sprühe *wieder*

in Schüben

Bin *wieder* wie im Fieber

Der Geist in mir

spricht *wieder* sacht

und macht,

dass ich fliege

Aus dem Füllhorn

atmet mich

der Regenbogen

in die Welt

zurück

wieder

Nach einer langen Krise

ohne richtige Nacht

schmeck ich den Ton der Welt

wieder

setzte die Füße wieder ab

singe *wieder* meine Lieder:

Bin *wieder* begabt

Wechsel der Gezeiten

Ja:

Ich liebe mich immer mehr.

Ich verzeihe immer mehr.

Ich gebe dann immer mehr her.

Und doch:

Kommt dann immer wieder, was daher –

vom Himmel übers Meer

und fordert mich sehr

und belastet sehr.

Ja, dann:

Liebe ich wieder mehr,

verzeihe wieder mehr

und gebe dann noch mehr her.

Einer mit Flügeln

Einer

mit Flügeln

kam.

Einer

mit schwarzem Haar,

kam

unsichtbar,

um

mich zu trösten:

Setzte sich

neben mich

und spricht:

„Weite Dich!

Schreibs auf!

Schüttle Dich,

rüttle Dich auf.

Komm wieder hier an

mit Haut und Haar

und

klage,

tobe,

schimpfe

und schrei,

noch ist die Sache nicht vorbei.

Doch!

Sei Dir gewiss:

Welche mit Flügeln

sind um Dich.

Sie klären Deine Sicht

und

verstärken Dein Licht,

um nun zu gesunden,

damit Du weißt

und dann hier bleibst."

Was zu viel ist, ist zu viel

Was zu viel ist,

ist zu viel:

Muss nach unten

muss nach unten

muss durch Hände, Bauch und Füße

unumwunden

in die Tiefe.

Muss viel tiefer noch

versinken

muss die Mitte

noch umwinden

Räume öffnen

Leere schaffen

den frischen, neuen Wind

reinlassen -

in Blau

Die Scham, sie ist so groß

Die Scham, sie ist so groß,

    ich kann nichts tun.

Gäre nach Innen Frau,

kaure

auf lodernden Kohlen

und sitze

in deiner Suppe.

Zerschmilze Frau

und siede

in die Tiefe.

Treibe haltlos

zwischen

dampfenden Blöcken

und tauche unter Frau.

    Suche den Schrei!

Der Prozess

Ich gäre

nach Innen.

Fühle mich

in die Mitte gezogen

nach allen Seiten offen

zu offen

zu weit.

Bin

hin und her geworfen

und dann

nach langer, langer Zeit

steigt auf

aus meiner Mitte:

die Lösung

einzigartig

taufrisch

klar

die einzig Richtige

und

alles

alles

ist bereit

wie seit langer Zeit.

Ich spanne mich auf

Ich spanne mich auf

wie ein Segel,

wie eine Leinwand

mache ich mich breit und weit

und stimme zu,

was sich so zeigt.

Nimm

Nimm

dies

und

das

und jenes noch,

was wichtig ist,

was dir entspricht,

was dir verspricht,

was

in dir pocht,

zu stärken.

Nachtrag:

Manchmal

stehe ich mitten

am Tage

zu meiner Auferstehung auf.

Ich raffe meine Kleider,

halte mein Gesicht zusammen,

schaue meiner Angst in den Nacken,

umarme mein wütendes Kind

und

trenne,

was zu trennen ist

geschwind.

Ich nehme

Ich nehme

Himmelslicht

Elfenstaub

Blütentau

und

benetze

meine Wunde

Bestäube sie

mit

Blütenstaub

von

Veilchen und Joringel

Verbinde

dann

die Wunde

blau

Vergrabe mich

im Eichenlaub

und

schlafe und gesunde

Meine Gedichte

Meine Gedichte

sind **Trittsteine**, die

auftauchen

aus Untiefen,

zwischen reißenden Wasserfällen,

aus wilden Strömungen,

auch

in unübersichtlichen Wasserauen,

in moorastigen Gewässern,

auch

in klaren, tiefgründigen Seen

und mich immer

mit 3 bis 5 Sprüngen

sicher

ans andere Ufer bringen –

plötzlich,

wie aus dem Nichts

und

unverhofft

Aufgänge

Inhaltsverzeichnis:

Solch ein Himmel

Februar 2019

Solch ein Himmel

in blau, blau, blau!

Welch eine Luft

in blau, blau, blau!

Welch eine Sonne

in blau, blau, blau!

Ich

ziehe Kreise um mich,

verwirble

glitzernde Spinnfäden,

werfe

Freude

in dieses

blau, blau, blau,

in das ich schau:

Wir werden uns erinnern:

Als der Himmel

die Erde küsste

still

sanft

am Anfang vom Jahr

von diesem so besonderen Jahr

mit den zwei Sonnen im Februar.

Vom Grasland

Vom Grasland

bis zum Himmelsrand

verweilen meine Augen.

Von ihnen

fließt mir Segen zu

zum Weinen,

Träumen,

Lachen.

Ich lausche

In den neuen Tag hinein.

Ich lausche,

suche Omen.

Ich schmeck

den Tau,

den Sonnengruß,

verneige mich

und harre.

Nach langer, langer Zeit

Nach langer, langer Zeit

hab` ich den Himmel gerufen

sich zu öffnen

für mich

und dann

kam es

das Licht

Vom Leben

sauge ich mich endlich voll.

Ich

wirble herum

zwischen schillernden Luftblasen.

Ich jauchze

und werfe mich

dem Fluss in die Arme.

Der Tanz

kann beginnen.

Meine Zellen

sind bereit

für jegliche Kapriolen –

    in den Zwischenräumen.

Orangene

Den Sound in den Ohren,

Star of Bethlehem im Glas,

Schwaden von Sandelholz um mich,

Spreize ich mich dir entgegen.

Jetzt kannst du kommen.

Komm –

ich lock dich.

Komm –

du Orangene.

Komm –

lass mich mit dir tanzen –

zwischen dem Himmel

und dir –

Komm und bleib -.

Ich liebe Dich so sehr

Ich liebe dich so sehr

Du Meer,

Du Weite meiner Seele.

An Deinem Rand,

da lauf ich lang

und schreie mit den Möwen.

Wir werden uns nie mehr…..

Wir

werden uns nie mehr allein lassen

Ob blau, rot, grün

schwarz oder weiß

rot und gelb-wir werden uns

nie mehr alleine lassen

Wir Erdlinge

in Zeiten

wie dieser:

Wir werden uns an den Händen halten

und uns durchhalten

Wir werden uns nie mehr übersehen

Wir Erdlinge.

Versprochen?

Versprochen!

Wir legen uns gemeinsam

in die Kornkreise

Versprochen!

Wir Erdlinge

Jetzt!

Wir 7 Milliarden Erdlinge

Und wir beginnen

genau jetzt damit

Wann sonst

Durchströmt

Durchströmt

durchlichtet

verwöhnt

verdichtet

von Gold

Muhme

Muhme-

In deiner Behausung,

in deinem Bette

möchte ich schlafen 1000 Jahr.

In deinen Federn

möchte ich versinken,

in deiner Wonne

ertrinken

und träumen von dir und mir.

Mit dir will ich fliegen

im Duft von heißem Tee,

die Zehen gespreizt

vom Boden abheben

und alles für möglich halten

und alles lieben.

Durchgerüttelt

Durchgerüttelt

durchgeschüttelt

in die Tiefe gezogen,

sitze ich

mit Dir Orangene

Dinkelgegürtete

in tiefem Schwarz

-still-

Meine Haare,

Himmelswurzeln

knistern

vor Spannung.

Geerdet

aufgespannt

lausche ich

in das Sein.

Die Welt wartet

Die Welt

wartet genau

jetzt auf dich

Das ist der Plan:

Komm du heraus

Zeig Dich

Komm ans Licht

Du bist das Puzzle

das fehlende Teil

zur Vollkommenheit

Drum:

Trau dich

Komm in Sicht

Tanz dich frei

Wie der Himmel

Wie der Himmel,

so das Meer.

Wie oben

so unten.

Wie innen

so außen.

So blau!

So tief!

-echt

-eins

in Stille---

Heute Nacht

Heute Nacht

bin ich

im Gebet

ganz sacht

zärtlich fast

darauf bedacht

nur still zu sein

sozusagen

wach zu sein

schwach genug zu sein

das Wesen zu erspüren

das

ich bin

Gott

Glanz hinter

    in der Welt

Glanz hinter

    in den Klängen

Glanz hinter

    neben allen Zwängen

Gott

Glanz durch Lachen

Glanz in scheinbar

einfachen Sachen

Glanz für Mut

Glanz für Mut

Himmel

Wir dürfen

uns selbst

an die Hand nehmen

um dorthin zu wachsen

wo wir hingehören

Wir dürfen

uns wohl fühlen

Wir dürfen

dort leben

wo wir sind

gewollt sind

wo alles passt

wo wir passen

Und Stille ist

über den Wassern

Zur Autorin

Ursela Bresch wurde 1952 in Freiburg im Breisgau geboren. Sie machte nach einer Handwerkslehre über den zweiten Bildungsweg Abitur. Anschließend studierte sie Grund- und Hauptschullehramt mit Schwerpunkt Deutsch und „Bildende Kunst".
Es folgten Tätigkeiten Anstellung in verschiedensten Schulen in Baden-Württemberg und Hessen.
Nebenher ließ sie sich u.a. auch in Traumatherapie, Systemische Aufstellung etc. ausbilden.
Gedichte entwickelte sie bereits mit 16 Jahren als Verdichtung und meist Abschluss einer intensiven Auseinandersetzung mit eigenen Lebensthemen.

Ihr 1. Buch dieser Reihe, „Durchgänge", wurde im Adlerstein Verlag 2021 herausgegeben.